BEI GRIN MACHT SICH IHR WISSEN BEZAHLT

AF141200

- Wir veröffentlichen Ihre Hausarbeit,
  Bachelor- und Masterarbeit

- Ihr eigenes eBook und Buch -
  weltweit in allen wichtigen Shops

- Verdienen Sie an jedem Verkauf

Jetzt bei www.GRIN.com hochladen und kostenlos publizieren

Fragen der Wirtschaftsethik aus der Perspektive von Unternehmen und Konsument:innen

Ethische Entscheidungsfindung im Kontext Kultur

Mareike Lindner

Bibliografische Information der Deutschen Nationalbibliothek:

Die Deutsche Nationalbibliothek verzeichnet diese Publikation in der Deutschen Nationalbibliografie; detaillierte bibliografische Daten sind im Internet über http://dnb.d-nb.de abrufbar.

ISBN: 9783346725073
Dieses Buch ist auch als E-Book erhältlich.

Einsendeaufgabe

Titel der Arbeit:

Fragen der Wirtschaftsethik aus der Perspektive von Unternehmen und Konsument:innen sowie ethische Entscheidungsfindung im Kontext Kultur

Aufgabennummer:

A

Modulverantwortlicher Professor:

SRH Fernhochschule

Modul:
Wirtschaftsethik und Stakeholdermanagement

Zertifikatskurs:
1809 "CSR- und Nachhaltigkeitsmanagement"

Verfasserin:
Mareike Lindner

Inhaltsverzeichnis

Abkürzungsverzeichnis

AWA	Allensbacher Markt- und Werbeträgeranalyse
BMUV	Bundesministerium für Umwelt, Naturschutz, nukleare Sicherheit und Verbraucherschutz
CEval	Centrum für Evaluation
IfD Allensbach	Institut für Demoskopie Allensbach
RENN	Regionale Netzstellen Nachhaltigkeitsstrategien
RNE	Rat für nachhaltige Entwicklung
UBA	Umweltbundesamt
UN	United Nations
WWF	World Wide Fund for Nature

Abbildungsverzeichnis

Tabellenverzeichnis

1 Problemstellung und Ziel dieser Arbeit

Die vorliegende Arbeit fokussiert die verschiedenen ethischen und moralischen Ansätze der Wirtschaftsakteur:innen, um Lösungen für die dringenden, sozialen, ökologischen und ökonomischen Herausforderungen des 21. Jahrhundert zu erarbeiten und entsprechend zu handeln.

Nachdem mit der Aufgabe 1 die Makro-, Meso- und Mikroebene dargestellt werden, findet die Mesoebene anhand eines Unternehmensbeispiels eingehende Erläuterung. Mit der zweiten Aufgabe sollen ethische Entscheidungen vor dem Hintergrund kultureller Zugehörigkeit näher beleuchtet und anhand von Beispielen illustriert werden. Diese Betrachtung ist vor allem im Hinblick auf die Globalisierung und damit einhergehenden Herausforderungen ethischer Entscheidungen im Unternehmenskontext interessant.

Die Charakteristika von nachhaltigem Konsum werden in Aufgabe 3 diskutiert. Konkrete Beispiele und Strategiepfade veranschaulichen die Vielzahl an Möglichkeiten, Konsum verantwortungsbewusst zu gestalten. Die kritische Betrachtung im Hinblick auf die Reichweite und Umsetzung der Maßnahmen vervollständigt die Ausführungen, um abschließend einen Ausblick geben zu können.

2 Aufgabe 1 – Bezugsebenen der Wirtschaftsethik

Aufgabe 1 widmet sich den Herausforderungen der Wirtschaftsethik mit den ethischen Fragestellungen in Bezug auf das Subsystem Wirtschaft. Je nachdem, in welchen Bezug die ethischen Betrachtungen gesetzt werden, wird in die Makro-, Meso- und Mikroebene der Wirtschaftsethik unterschieden. Diese Unterteilung geht maßgeblich auf Georges Enderle zurück (Dietzfelbinger, 2015, S. 245; Enderle 1988; zitiert nach Göbel, 2020, S. 99). Neben der Gegenüberstellung und dem Aufzeigen der Interdependenzen der drei Ebenen soll in diesem Kapitel die Mesoebene anhand eines realen Unternehmens beispielhaft aufgezeigt werden.

2.1 Die Makroebene – Rahmenordnung

Die Makroebene der Wirtschaftsethik beschäftigt sich mit den institutionellen Rahmenbedingungen des wirtschaftlichen Handelns, wobei Institutionen als die Summe von Regeln, Moral, Sitte und des Rechts zu verstehen sind. Das individuelle Handeln wird durch die gesellschaftliche Rahmenordnung beeinflusst. Die Makroebene analysiert die daraus folgenden Handlungsmöglichkeiten des Einzelnen (Göbel, 2020, S. 105-106).

Die zentralen Fragestellungen der Makroebene umfassen folgende Themen:

1. Welche Vor- und Nachteile bieten die verschiedenen Wirtschaftssysteme?
Bei der Gegenüberstellung der freien Marktwirtschaft zur Planwirtschaft bewerten Ökonomen erstere durchweg positiv (Gabriel, 2019, S. 55-56). Göbel (2020, S. 106-107) merkt kritisch an, dass nur durch rechtliche und institutionelle Rahmenbedingungen Markversagen eingedämmt oder verhindert werden kann. Beispiele hierfür sind das Verbot von Handel mit Waffen und Drogen, Monopolen oder arbeitsmarktrechtliche Vorgaben zum Schutz vor Ausbeutung. Diese Beispiele gehen einher mit einer weiteren Fragestellung:
2. Welche Gesetze und rechtliche Rahmenwerke werden in Bezug auf das wirtschaftliche Handeln benötigt und in welcher Ausprägung erfolgt die Umsetzung?
3. Wie wirkt sich das Verhalten des Individuums als Teilnehmende an einem Wirtschaftssystem aus, und wie soll mit Zielkonflikten umgegangen werden?

Homann und Blome-Drees, bekannte Vertreter der Moralökonomie, gehen davon aus, dass ein Unternehmen unmoralisches Handeln einem Umsatzrückgang, beispielsweise durch Wettbewerbsnachteile ausgelöst, vorziehen würde und die Unternehmer:innen somit nicht persönlich für diese Entscheidung einstehen, sondern die Gesetzgebung das Rahmenwerk vorgibt (Homann & Blome-Drees, 1992, S. 34-35). Ein solches ökonomisches Dilemma entsteht beispielsweise dann, wenn Kaffeehersteller:innen die Lieferant:innen fair bezahlen und dafür einen höheren Verkaufspreis fordern, die Konsument:innen jedoch nicht bereit sind, diesen zu zahlen und zu einer günstigeren Marke wechseln. Aus moralökonomischer Sicht würde sich das Unternehmen dazu entscheiden, die Lieferant:innen unfair zu bezahlen, um weiterhin Gewinne zu erzielen, was wiederum aus ethischer Sicht nicht tragbar ist (Göbel, 2020, S. 108-109).
Ulrich (2000, S. 1-4) spricht sich für eine integrative Wirtschaftsethik aus, bei der mündige Individuen Zielsetzungen für die Mikro-, Meso- und Makroebene festlegen und vernünftige Entscheidungen im jeweiligen Kontext treffen.

2.2   Die Mesoebene – Unternehmensethik

Das moralische Agieren von Unternehmen, Organisationen und Institutionen wird mit der Mesoebene der Wirtschaftsethik fokussiert und bildet die „Mitte" zwischen der gesamtwirtschaftlichen Rahmenordnung mit der Makroebene und der Individualethik der Mikroebene (Göbel, 2020, S. 110-111).

Die Unternehmensethik zielt darauf ab, eine Verbindung zwischen moralischem und ökonomischem Handeln zu schaffen und so den wirtschaftlichen Erfolg des Unternehmens gesichert werden (Dietzfelbinger, 2015, S. 6-7).

Göbel (2020, S. 112-115) stellt die Komplexität und Vielzahl an Facetten heraus, die diese Ebene infolge der Mitverantwortung der Individuen in der Unternehmung und andererseits der Moralfähigkeit der Unternehmung selbst mit sich bringt. Folgende Fragestellungen sind für die Mesoebene von Relevanz:

1. Was ist der Zweck des Unternehmens, und mit welcher Strategie kann dieser Rechnung getragen werden?
2. Welche Zielsetzungen innerhalb der ökonomischen, ökologischen und sozialen Handlungsfelder soll sich das Unternehmen setzen?
3. Welche Organisationsstruktur und welcher Führungsstil begünstigt die unternehmerischen Ziele?

Im Folgenden wird die Mesoebene anhand eines Unternehmensbeispiels aufgezeigt, welches mehrere Facetten unternehmerischer Verantwortung und ethischer Entscheidungsspielräume aufzeigt.

2.2.1   Unternehmensethik am Beispiel Quartiermeister

Quartiermeister – korrekter Konsum GmbH vertreibt Bier und wurde 2010 in Berlin gegründet (Quartiermeister, o.J.a). Außergewöhnlich ist bei diesem Unternehmen, dass der Gründer Sebastian Jacob nicht die Vision hatte, ein nachhaltiges Bier zu produzieren, sondern vielmehr auf der Suche nach einem Konzept war, dessen Konsum durch soziales Engagement gleichzeitig einen gesellschaftlichen Mehrwert schafft. Der Gedankengang, dass Bier ein soziales Produkt ist, da es gern mit Freund:innen konsumiert wird und gleichzeitig Gutes damit getan werden kann, schien perfekt. Dem folgte die Suche nach einer lokalen Brauerei und der Vertrieb unter dem Namen Quartiermeister (Quartiermeister, o.J.b; Tagesspiegel, 2014). Die Vision des Social Business lautet wie folgt: „Unsere Vision ist eine gemeinwohlorientierte Wirtschaft zum Wohle aller. Quartiermeister ist unser Weg, diese Vision umzusetzen. Wir arbeiten stets gemeinwohlorientiert und entscheiden nach eigens gesetzten Prinzipien. Das können wir, da wir komplett unabhängig von Investor*innen sind. Wir postulieren eine Wirtschaftsordnung jenseits von Profitmaximierung, Ausbeutung und Wachstumszwang. Von unseren Erlösen profitieren soziale Projekte in der Nachbarschaft. Das ist der Antrieb unserer Arbeit!

Kontrolliert werden wir dabei von einem ehrenamtlichen Verein, an dem jede*r teilhaben kann." (Quartiermeister, o.J.b).

Der Zweck des Unternehmens ist die Gemeinwohlorientierung. Als erste gemeinwohlbilanzierte Biermarke Deutschlands nimmt Quartiermeister damit zudem eine Vorreiter-Rolle ein. Neben dem Unternehmen, das für den Verkauf des Bieres zuständig ist, wurde ein Verein gegründet. 10 % der Roherlöse werden mittels des Vereins an lokale und soziale Projekte ausgeschüttet, die sich bei Quartiermeister darum bewerben können. Transparent kann online und von den Mitgliedern über die Förderung entschieden werden. Bis April 2022 wurden so bereits 200 Projekte mit über 250.000 EUR unterstützt (Quartiermeister, o.J.b; About drinks, 2022). Das Ursprungsmodell, bei dem 0,10 EUR pro verkauftem Bier an soziale Projekte flossen, wurde kürzlich und vor dem Hintergrund der pandemiebedingten Umsatzeinbußen auf dieses Modell umgestellt. Die Biermarke wird im Handel sowie in der Gastronomie vertrieben (Fabrik für immer, 2022).

Die Betrachtung von Quartiermeister in Bezug auf die drei Nachhaltigkeitsdimensionen lässt deutlich das gesellschaftliche Engagement erkennen, wobei Quartiermeister vor allem auf Transparenz und die Förderung von lokalen Nachbarschaftsprojekten Wert legt und mit der Gemeinwohlorientierung ein breites Spektrum der sozialen Dimension abdeckt (Quartiermeister, o.J.a). Gegen Geschlechterdiskriminierung hat Quartiermeister ein Zeichen gesetzt, indem auf mittlerweile 50 % der Etiketts eine Frau zu sehen ist und jedes Bier den Namen Quartiermeister*in trägt. Auf der zugehörigen Webseite werden Feminismus, Diversity und Gleichstellung thematisiert und konkrete Förderprojekte vorgestellt (Quartiermeisterin, o.J.).

Auf die ökonomischen Ziele zahlt Quartiermeister dahingehend ein, dass das Unternehmen mit Gründung einer Stiftung langfristig die Markenrechte sichert und eine Veräußerung der Marke unmöglich macht (Quartiermeister, o.J.c). Die nachfolgende Abbildung verdeutlicht, inwiefern das Unternehmen, die Stiftung und der Verein zusammenwirken und für eine ökonomische Nachhaltigkeit sorgen:

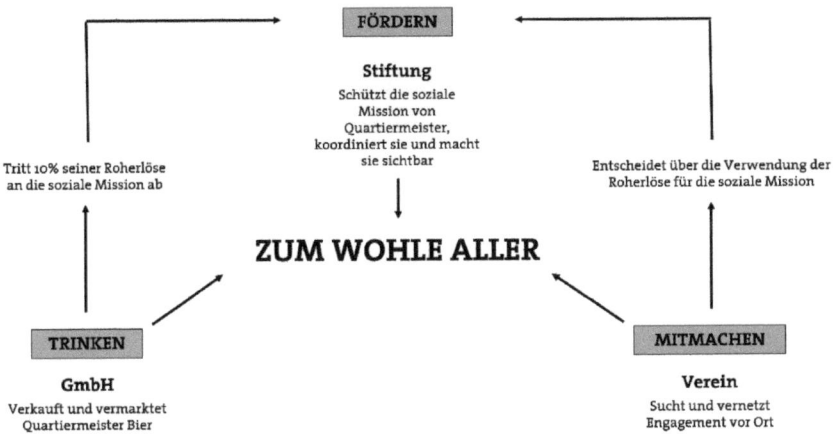

FÖRDERN

Stiftung
Schützt die soziale
Mission von
Quartiermeister,
koordiniert sie und macht
sie sichtbar

Tritt 10% seiner Roherlöse
an die soziale Mission ab

Entscheidet über die Verwendung der
Roherlöse für die soziale Mission

ZUM WOHLE ALLER

TRINKEN

GmbH
Verkauft und vermarktet
Quartiermeister Bier

MITMACHEN

Verein
Sucht und vernetzt
Engagement vor Ort

Abbildung 1:   Unternehmensstruktur Quartiermeister

(Quelle: Quartiermeister, o.J.c.)

Hohe Investitionskosten und Betriebskosten entfallen, da das Bier in zwei familienge-
führten und unabhängigen Brauereien in Deutschland für Quartiermeister nach deren
Rezept gebraut wird. Das Unternehmen legt laut eigener Aussage viel Wert auf eine
Zusammenarbeit auf Augenhöhe (Quartiermeister, o.J.b)

Der ökologischen Nachhaltigkeitsdimension wird insofern Sorge getragen, dass die Zu-
taten für die Biere so regional wie möglich, als Mindestanforderung aber aus Deutschland, bezogen werden. Gerste und Hopfen sind bei zwei Bieren bio-zertifiziert. Hier ergibt
sich weiteres Potenzial, um die konventionellen Sorten noch nachhaltiger zu gestalten
(Quartiermeister, o.J.b).

Die Kombination von Alkoholkonsum und gesellschaftlichem Engagement ist nicht wi-
derspruchsfrei. Die Biermarke Krombacher sorgte mit dem „Regenwald-Projekt", die als
Kampagne auch unter dem Namen „Saufen für den Regenwald" bekannt wurde, bereits
2002 für eine kontroverse Diskussion, die später gerichtlich zugunsten Krombachers entschieden wurde. Der Vorwurf lautete, die Konsument:innen in eine moralische Zwangs-
lage zu bringen (Welt, 2002). Zudem war die mit der Kampagne verbundene Projektför-
derung des World Wide Fund for Nature (WWF) zur Rettung des Regenwaldes auf nur
minimale Centbeträge pro Kasten beschränkt (Onlineurteile, 2006). Der nicht unkritisch
zu betrachtenden Verbindung von Alkohol und nachhaltigem Konsum sind sich Quartiermeister bewusst, wie der Geschäftsführer Peter Eckert im Interview sagt. Er weist in
diesem Zusammenhang darauf hin, dass ihr Konzept des Social Business auf viele andere Produkte anwendbar ist und sie bereits daran arbeiten, dieses auszuweiten (Fabrik
für immer, 2022). Zudem geht es darum, nicht unbedingt zu mehr Konsum anzuregen,

sondern den bisherigen mit einem Mehrwert für die Gesellschaft zu kombinieren (Quartiermeister, o.J.b).

Im Unternehmen werden strategische Entscheidungen gemeinsam diskutiert und demokratisch beschlossen, im Verein und auch der Stiftung gilt die gemeinsame Konsensfindung ebenso und lässt insgesamt auf einen partizipativen Führungsstil schließen (Fabrik für immer, 2022).

Die durchweg positive Darstellung von Quartiermeister konnte auch nach ausgiebiger Recherche keine kritische Berichterstattung gegenübergestellt werden. Sicher bildet Quartiermeister mit ihrem Social Business und der Gemeinwohlorientierung nicht die Unternehmenslandschaft in Deutschland ab, jedoch wächst der Anteil an Social Businesses stetig (Kiefl, Scharpe, Wunsch & Hoffmann, 2022). Das Beispiel zeigte auf, wie ökonomische und ethische Ansprüche in einem Unternehmen sinnvoll zusammenwachsen und langfristig den unternehmerischen Erfolg sichern.

2.3 Die Mikroebene – Perspektive der Wirtschaftsakteur:innen

Die Mikroebene der Wirtschaftsethik betrachtet die Individuen als Wirtschaftsakteur:innen, also im Wesentlichen der Konsument:innen, Mitarbeiter:innen und Manager:innen. Je nachdem, welche Rolle das Individuum einnimmt, werden entsprechende Handlungen dieser erwartet oder vorausgesetzt. Der Ethik von Konsument:innen wird besondere Aufmerksamkeit innerhalb dieser Ebene geschenkt, da dies alle Menschen betrifft, die am Wirtschaftsleben teilnehmen (Göbel, 2020, S. 99-101).

Relevante Fragestellungen der Konsument:innenethik sind beispielsweise:

1. Welche Verantwortung trägt das Individuum für sich selbst, insbesondere im Hinblick auf übermäßigen Konsum von Alkohol oder andere Genussmittel?
2. Welche Verantwortung tragen die Konsument:innen gegenüber der Umwelt und Gesellschaft, welchen Einfluss auf nachhaltigen Konsum hat jede:r Einzelne? Die Beantwortung dieser Frage ist sehr diffizil, denn die Annahme, dass die Konsument:innen uneingeschränkte Freiheit und Macht über das Angebot und ihren Konsum haben, ist laut Göbel (2020, S. 101-102) realitätsfern. Informationsdefizite, Budget-Restriktionen und die Gestaltung des Bedarfs sind einige der Grenzen, die mit in die Betrachtung einbezogen werden müssen.

Die Perspektive der Manager:innenethik zielt darauf ab, zu erfahren, welche individuelle Verantwortung diese in ihrer Position als Führungskraft und Arbeitgeber:in tragen (Göbel, 2020, S. 103). Conrad (2020, S. 15) weist in diesem Zusammenhang auf die Interessenskonflikte hin, die durch die unterschiedlichen Rollen, die ein Individuum einnimmt, entstehen.

Wie aus den vorangestellten Erklärungen ersichtlich, wirken die Ebenen in einem sehr engen Verhältnis zusammen. Zum einen beeinflussen Individuen die Unternehmen, Gründer:innen mit den Entscheidungen zum Standort, Rechtsform und Portfolio, Mitarbeitende unterstützen die Strukturen oder weichen von ihnen ab (1). Zum anderen geben die Unternehmen eine Kultur vor und erwarten ein gewisses Verhalten der Mitarbeitenden, um die unternehmerischen Ziele zu erreichen (2).
Das Verhältnis von Meso- zu Makroebene ist beispielsweise von Lobbyismus geprägt, die Gesetzesänderungen zugunsten eines Unternehmens oder einer ganzen Branche zur Folge haben können (3). Die vorhandene Rahmenordnung nimmt einen großen Einfluss auf die Unternehmen und deren Handlungsweisen, insbesondere durch gesetzliche Vorgaben und kulturelle Normen (4) (Göbel, 2020, S. 116-117).

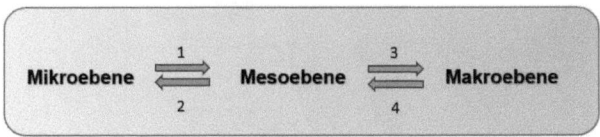

Abbildung 2:   Zusammenwirken der Mikro-, Meso- und Makroebene

(Quelle: Eigene Darstellung in Anlehnung an Göbel, 2020, S. 116)

3   Aufgabe 2 – Ethische Entscheidungen vor dem Hintergrund kultureller Unterschiede

Diese Aufgabe behandelt die ethische Entscheidungsfindung, welche durch zahlreiche Variablen beeinflusst wird. In der Literatur basiert sie auf deskriptiven Modellen. Vor allem Jones' (1991, S. 379) Vier-Phasen-Modell der ethischen Entscheidungsfindung erlangte in diesem Zusammenhang Aufmerksamkeit (Bamberg, Schmitt, Baur, Gude & Tanner, 2018, S. 25-26; Holzmann, 2018, S. 109-110).

Die vier Phasen der ethischen Entscheidungsfindung sind nach Jones (1991, S. 379) von folgendem Ablauf gekennzeichnet:

1. Erkennen des moralischen Problems
2. Fällen eines moralischen Urteils
3. Begründen der moralischen Absicht
4. Moralisches Verhalten zeigen

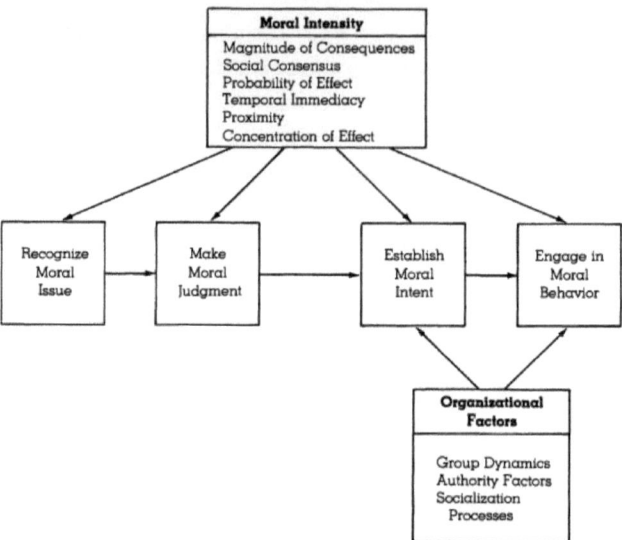

Abbildung 3: Prozess der ethischen Entscheidungsfindung
(Quelle: Jones, 1991, S. 379).

Die moralische Intensität einer Situation ist in Zusammenhang mit den Konsequenzen der Handlung zu setzen und wird umso höher, desto schwerwiegender, wahrscheinlicher und konzentrierter diese ausfallen. Die Nähe zu den Betroffenen und die Relation zu anerkannten gesellschaftlichen Normen nehmen ebenso Einfluss auf die moralische Intensität (Jones, 1991, S. 379).

Die individuellen sind neben den organisatorischen Variablen die wichtigsten Faktoren für die ethische Entscheidungsfindung. Zu den individuellen Faktoren zählen: Alter und Geschlecht, Nationalität und kulturelle Unterschiede, Bildung und Beschäftigung, persönliche Werte und Integrität, moralische Vorstellungskraft sowie, als psychologische Faktoren einzuordnen, die Kontrollüberzeugungen und kognitive Moralentwicklung (Crane & Matten, 2010, S. 149).

3.1 Das Sechs-Dimensionen-Modell von Hofstede

Aufgrund der Relevanz im Kontext der ethischen Entscheidungsfindung sollen in diesem Kapitel die Nationalität und kulturellen Unterschiede im Fokus stehen. Hofstede & Hofstede (2012) beschreiben Kultur wie folgt: „Kultur ist immer ein kollektives Phänomen, da man sie zumindest teilweise mit Menschen teilt, die im selben sozialen Umfeld leben oder lebten, d.h. dort, wo diese Kultur erlernt wurde." (S. 19). Die Autoren merken an, dass die Unterscheidung zwischen Persönlichkeit und Kultur unter Sozialwissenschaftlern umstritten ist, da eine klare Abgrenzung unmöglich erscheint (Hofstede & Hofstede, 2012, S. 19).

Um verschiedene Dimensionen von Kultur herauszufiltern, befragte der Kulturwissenschaftler und Sozialpsychologe Geert Hofstede 1968 bis 1972 weltweit mehr als 100.000 Mitarbeitende von IBM zu ihrem Verhalten. Er veröffentlichte seine Ergebnisse, die später mit der Erweiterung um eine zusätzliche Dimension unter dem Namen „Fünf-Dimensionen-Modell" große Bekanntheit erlangte (Towers & Peppler, 2017, S. 15). Das Modell wurde 2010 noch einmal um die sechste Dimension „Nachgiebigkeit und Beherrschung" ausgeweitet, zu dem Minkov (Hofstede, o.J.) maßgeblich mit weiteren Befragungen beitrug. Aufgrund des Umfangs und des Zeitraumes der Befragungen erhielt die Arbeit von Hofstede weltweit Anerkennung (Towers & Peppler, 2017, S. 15-16, 18). Auch Conrad (2020, S. 307) bestätigt, dass das durch die Kultur geprägte Verhalten der Manager:innen eines Unternehmens einen starken Einfluss auf die Führung und Organisation der gesamten Unternehmensprozesse hat. Trotz breiter Anerkennung für die Arbeit Hofstedes gibt es auch kritische Stimmen. Allem voran wird kritisiert, dass Hofstede ganze Länder als eine Gruppe charakterisiert, ohne auf ethnische Unterschiede einzugehen. Zudem wurden nur IBM-Mitarbeitende befragt, was sicher kein Abbild der gesamten Bevölkerung eines Landes in Bezug aus Bildung, Alter, Einkommen etc. widerspiegelt. Die Studie verliert zudem mittlerweile an Aussagekraft, da die erhobenen Daten über 40 Jahre alt sind und den heutigen politischen Rahmen nicht wiedergeben und lediglich sechs Dimensionen in Bezug setzen. Eine ausführliche Kritik hat der Autor McSweeney (2002, S. 89-117) unter Bezugnahme auf andere kritische Autor:innen verfasst. Im Folgenden werden die einzelnen Dimensionen im Detail vorgestellt.

3.1.1 Machtdistanz

Unter Machtdistanz ist die emotionale Distanz zu verstehen, die zwischen Vorgesetzten und Mitarbeitenden besteht (Hofstede & Hofstede, 2012, S. 81). Während in Ländern mit geringer Machtdistanz die Vorgesetzten jederzeit ansprechbar sind und eine geringe Abhängigkeit der Mitarbeitenden gegenüber zu beobachten ist, gilt das Gegenteil in Ländern mit hoher Machtdistanz. Die Mitarbeitenden widersprechen ihren Vorgesetzen nicht und adressieren diese generell selten mit ihren Belangen (Hofstede & Hofstede, 2012, S. 92-93). Hofstede & Hofstede (2012) stellen in ihrer Definition die Perspektive der weniger Mächtigen in den Fokus, indem sie Machtdistanz als Resultat ihrer Studie definieren: „als das Ausmaß, bis zu welchem die weniger mächtigen Mitglieder von Institutionen oder Organisationen eines Landes erwarten oder akzeptieren, dass Macht ungleich verteilt ist." (S. 93).

Die Tabelle zeigt Beispiele für eine geringe bzw. hohe Machtdistanz auf. Die gewählten Länderbeispiele orientieren sich dabei an den von Hofstede entwickelten Weltkarten, die im Anhang dieser Arbeit aufgeführt sind. Wie bei allen Dimensionen betonen Hofstede & Hofstede (2012, S. 155), dass die Ausprägungen innerhalb eines Land variieren und nicht generell für alle Einwohner:innen pauschalisiert werden können.

	Geringe Machtdistanz	Große Machtdistanz
Familie und Bildung	In Schweden werden Kinder von ihren Eltern gleichwertig behandelt.	In Belarus sind Kinder ihren Eltern gegenüber gehorsam.
	Schüler:innen in Australien lernen selbstbestimmt und eigeninitiativ.	Initiativen gehen in Saudi Arabien nur von Lehrer:innen aus.
Arbeitswelt	In Neuseeland werden Arbeitnehmer:innen in Entscheidungsprozesse einbezogen.	Indonesische Arbeitnehmer:innen verlassen sich auf Anweisungen ihrer Vorgesetzten und treffen keine selbständigen Entscheidungen innerhalb ihres Tätigkeitsfeldes.
	Ein finnisches Unternehmen ist dezentral organisiert und von flachen Entscheidungsstrukturen geprägt.	Ein russisches Unternehmen ist geprägt von Zentralisation und stark hierarchisch strukturiert.

Tabelle 1:   Beispiele für unterschiedliche Ausprägungen von Machtdistanz

(Quelle: Eigene Darstellung in Anlehnung an Hofstede & Hofstede, 2012, S. 110-131).

3.1.2 Individualismus vs. Kollektivismus

Die Dimension Individualismus gibt an, inwiefern Individuen innerhalb einer Gesellschaft für sich selbst und den engsten Familienkreis sorgen. In Ländern, die hingegen von Kollektivismus geprägt sind, werden Menschen in ein Netzwerk geboren, das zum einen Schutz bietet, andererseits Loyalität erwartet (Hofstede & Hofstede, 2012, S. 155).

	Individualismus	Kollektivismus
Familie und Bildung	In Deutschland tragen die Menschen nur für sich selbst und den engsten Familienkreis Verantwortung, zugunsten der Ehrlichkeit gegenüber Mitmenschen werden Auseinandersetzungen akzeptiert.	In Ecuador steht die Zugehörigkeit zu einer „Wir-Gruppe" im Mittelpunkt und es besteht ein starkes Harmoniebedürfnis innerhalb der Familie/ Gruppe.
	In Belgien besteht das Lernziel darin, zu verstehen, wie man lernt.	In Peru bekommen Schulkinder beigebracht, wie man etwas tut.
Arbeitswelt	In den USA folgen Arbeitnehmer:innen den Interessen der Arbeitgeber:innen nur, wenn sich diese mit den eigenen decken.	In Pakistan wird den Entscheidungen und Interessen der „WIR-Gruppe" gefolgt.
	In Italien werden Arbeitsverträge zwischen zwei auf dem Arbeitsmarkt verfügbaren Parteien geschlossen.	Die Beziehung von Arbeitgeber:innen und Arbeitnehmer:innen ist in Ghana moralisch geprägt.

Tabelle 2:   Beispiele für Individualismus und Kollektivismus

(Quelle: Eigene Darstellung in Anlehnung an Hofstede & Hofstede, 2012, S.187, 210-212, 222).

3.1.3 Maskulinität vs. Femininität

Hofstede & Hofstede (2012, S. 242) fanden mithilfe ihrer Fragstellungen heraus, dass Gesellschaften entweder maskulin geprägt sind und demnach eine klare Abgrenzung der Geschlechterrollen voneinander stattfindet oder andererseits feminin, insofern sich die Rollen der Geschlechter emotional überschneiden. Typische Attribute von Maskulinität in der Arbeitswelt sind hohes Einkommen, Aufstiegsmöglichkeiten, Anerkennung und Herausforderungen, während Feminität sich durch Teamarbeit, Zusammenarbeit auf Augenhöhe, Sicherheit und ein angenehmes Umfeld auszeichnet. Nachfolgende Beispiele verdeutlichen die gegensätzlichen Ausprägungen:

	Feminität	Maskulinität
Familie und Bildung	In Norwegen wird schulischen Misserfolgen keine zu hohe Bedeutung beigemessen.	In Südafrika werden schlechte Ergebnisse in der Schule als sehr problematisch angesehen.
	Eine gewaltfreie Sozialisierung ist in Thailand normal.	In Japan werden Aggressionen bei Kindern akzeptiert.
Arbeitswelt	Work-Life-Balance wird in Schweden großgeschrieben.	Ein höheres Einkommen ist in Großbritannien wichtiger als Freizeit.
	In Portugal sind mehr Frauen in fachlich qualifizierten Berufen zu verzeichnen.	In Österreich ist der Anteil an berufstätigen Frauen in fachlich qualifizierten Berufen geringer.

Tabelle 3:   Beispiele für Maskulinität und Feminität

(Quelle: Eigene Darstellung in Anlehnung an Hofstede & Hofstede, 2012, S.287, 297, 316-317).

3.1.4   Unsicherheitsvermeidung

Die Dimension Unsicherheitsvermeidung definieren Hofstede & Hofstede (2012) „als der Grad, bis zu dem die Mitglieder einer Kultur sich durch uneindeutige oder unbekannte Situationen bedroht fühlen" (S. 337). Ziel der Unsicherheitsvermeidung ist nicht gleichbedeutend mit Risikominimierung. Vielmehr suchen die von starker Unsicherheitsvermeidung geprägten Kulturen nach Strukturen, durch die sich Ereignisse genau vorhersehen und interpretieren lassen (Hofstede & Hofstede, 2012, S. 346). Für dieses Ziel werden häufig sogar mehr Risiken eingegangen, wie die folgenden Beispiele verdeutlichen:

	Starke Unsicherheitsvermeidung	Schwache Unsicherheitsvermeidung
Familie und Bildung	Das Familienleben in Griechenland wird als entspannt eingestuft.	Die Atmosphäre in der Familie ist in Singapur eher von Anspannungen geprägt.

	In Chile empfinden Schüler:innen offene Diskussionsrunden in der Schule als motivierend.	Schüler:innen in China erwarten konkrete Antworten und bevorzugen strukturiertes Lernen.
Arbeitswelt	Ein gesunder Menschenverstand und Generalismus wird in der portugiesischen Arbeitswelt geschätzt.	Expert:innen und technikbasierte Lösungen werden in Irland bevorzugt.
	Richtlinien und Regelwerke werden in Belgien nur zu einem Mindestmaß benötigt.	Klare Regelwerke, Arbeitsanweisungen und Richtlinien sind fester Bestandteil der Arbeitswelt in Großbritannien.

Tabelle 4: Beispiele schwach und stark ausgeprägter Unsicherheitsvermeidung (Quelle: Eigene Darstellung in Anlehnung an Hofstede & Hofstede, 2012, S. 354, 363, 379-380).

3.1.5 Kurz- vs. langfristige Orientierung

Geert Hofstede fügte diese fünfte Dimension, auf der konfuzianischen Lehre basierend, zu einem späteren Zeitpunkt hinzu und beschreibt, inwiefern eine Gesellschaft sich langfristig und zukunftsorientiert ausrichtet. Der Gegenpol ist die kurzfristige Orientierung, die aufgrund des Fokus auf der Vergangenheit nicht dynamisch ist. Die Selbstverwirklichung des Individuums steht im Vordergrund. Ländern, denen nach Auswertung der Studie eher eine langfristige Orientierung zuzuschreiben ist, sind hingegen ausgesprochen traditionsbewusst und loyal (Hofstede & Hofstede, 2012, S. 416-418).

	Kurzzeitorientierung	Langzeitorientierung
Familie und Bildung	Das Beibringen von Toleranz und Respekt gegenüber anderen ist bei der Erziehung in Nigeria maßgeblich.	Kindern in China bringt man bei zu sparen.
	In Venezuela zeigen Frauen Demut.	Demut zeigen Männer wie Frauen in Japan.
Arbeitswelt	Rechte, Freiheit, Selbständigkeit und Leistung werden in der Arbeitswelt in Tunesien als prioritär gesehen.	In Hongkong sind die wichtigsten Werte Ehrlichkeit, Selbstdisziplin, Anpassungsfähigkeit und Verantwortlichkeit.
	Freizeit nimmt in Marokko einen wichtigen Stellenwert ein.	Freizeitausgleich ist im Baltikum nicht prioritär.

Tabelle 5:   Beispiele für kurz- und langfristige Orientierung

(Quelle: Eigene Darstellung in Anlehnung an Hofstede & Hofstede, 2012,
S. 434, 448-450).

3.1.6 Nachgiebigkeit und Beherrschung

Die sechste Dimension, Nachgiebigkeit und Beherrschung, stammt ebenfalls aus den Forschungen von Minkov und wurde 2010 in das gemeinsam herausgegebene Werk „Cultures and Organizations – Software of the Mind: Intercultural Cooperation and Its Importance for Survival" (Hofstede, Hofstede & Minkov, 2010; Hofstede, o.J.) integriert. Die nachgiebige Kultur ist geprägt von Freiheit, Freundschaften und Genuss, während in einer beherrschten Kultur das Gefühl vorherrscht, dass das Leben hart sei und eine Pflicht, die es täglich zu erfüllen gilt (Hofstede, o.J.).

	Hohe Nachgiebigkeit	Hohe Beherrschung
Familie und Bildung	In Kanada bestimmt das „Hier und Jetzt" das Familienleben.	In Italien werden familiäre Entscheidungen für die Zukunft gefällt.
	In Argentinien wird Kindern Raum für die persönliche Entfaltung gegeben.	In China herrscht bereits für Kinder ein hoher Druck, bestmögliche schulische und sportliche Leistungen zu erbringen.
Arbeitswelt	In Australien hat Freizeit einen hohen Stellenwert.	In Deutschland werden Ziele durch Selbstdisziplin erreicht.
	In Mexiko ist das Verhältnis zu Arbeit eher entspannt.	Arbeitnehmer:innen in Indonesien sind sehr pflichtbewusst.

Tabelle 6:   Beispiele für hohe Nachgiebigkeit und hohe Beherrschung

(Quelle: Eigene Darstellung in Anlehnung an Hofstede, o.J.).

Zusammenfassend ist festzuhalten, dass die Beispiele nur ein sehr begrenztes Abbild dieses komplexen und weitreichenden Themas Kultur widerspiegeln konnte. Die Interdependenzen der Dimensionen sind zahlreich und divers. Der jeweilige Länderbezug ist aufgrund der eingangs dargestellten Kritik nur als Tendenz zu betrachten. Die umfangreiche Arbeit von Geert Hofstede hat nichtsdestotrotz in jedem Fall dazu beigetragen, dass sich ethische Entscheidungen aufgrund der kulturellen Dimensionen erklären und belegen lassen.

4 Aufgabe 3 - Ethischer und nachhaltiger Konsum

Im 4. Kapitel soll zunächst auf die Begrifflichkeiten des ethischen und nachhaltigen Konsums eingegangen werden, um im weiteren Verlauf anhand von Produktbeispielen aufzuzeigen, inwiefern diese den nachhaltigen Konsum in den unterschiedlichen Konsumphasen fördern können. Hierbei soll ein besonderes Augenmerk darauf gelegt werden, welche Strategien den nachhaltigen Konsum zusätzlich fördern.

4.1 Ethischer Konsum

Wie bereits in Kapitel 2.3 herausgestellt, nehmen die Konsument:innen als Stakeholder:innen eine sehr wichtige Rolle im Bereich der Wirtschaftsethik ein.

Die Autoren Crane & Matten (2010) definieren ethischen Konsum als „die bewusste Entscheidung, bestimmte Konsumentscheidungen aufgrund persönlicher moralischer Überzeugungen und Werte zu treffen." (S.370). Demnach wird ethischer Konsum als positives Kaufverhalten und moralischer Boykott charakterisiert, insofern vor der Kaufentscheidung immer ethische Überlegungen vorangestellt werden und Käufe nur nach diesem Muster getätigt werden (Meyer-Galow, 2020, S. 275).

Studien belegen die zunehmende Bedeutung von Nachhaltigkeit bei Konsumentscheidungen, vor allem im Lebensmittelbereich. Laut der Allensbacher Markt- und Werbeträgeranalyse (AWA) aus 2021 stieg im Zeitraum 2010 – 2021 die Bedeutung für die Verbraucher:innnen beim Kauf von Bio- und ökologischen Produkten von 21 % auf 31 %, bei Fair Trade Produkten um 10 % auf 24 %, bei artgerechter Tierhaltung seit 2012 immerhin von 31 % auf 36 % in 2021 (IfD Allensbacher Markt- und Werbeträgeranalyse, 2021).

Wenn auch der Anteil der Verbraucher:innen stetig wächst, die Dienstleistungen und Produkte im Hinblick auf Menschenrechte, Tier- und Umweltschutz bewerten und sich mehr Konsument:innen zum ethischen Konsum bekennen, dürfen mit dieser Entwicklung folgende Aspekte nicht unberücksichtigt bleiben:

1. Marktanteile von ethischen Produkten sind vergleichsweise gering, wie nachfolgende Studie zeigt:

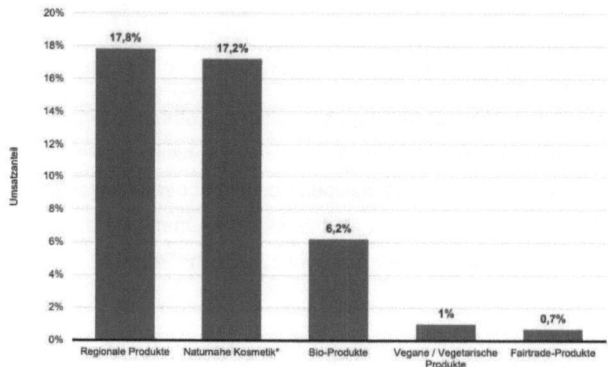

Abbildung 4:   Umsatzanteil von Konsumgütern mit Aspekten der Nachhaltigkeit im deutschen Lebensmittelhandel in 2018

(Quelle: Statista, 2019, S. 36 mit Daten von Nielsen; GfK; IRI; BÖLW; TransFair; naturkosmetik verlag e.dambacher; bioVista; IQVIA)

2. Diskrepanz aus der Intention und dem tatsächlichen Handeln beim Einkaufsverhalten (Statista, 2019, S. 33)

3. Mangel an Informationen und daraus resultierende Unwissenheit über Produkte (Ludin & Wellbrock, 2021, S. 11-12)

Im Kontext der steigenden Verantwortung der Verbraucher:innen lassen sich nach Crane & Matten (2010, S. 371) zudem Nachteile und Grenzen des ethischen Konsums herausfiltern:

- Unternehmen stellen ökonomische Ziele immer vorn an
- keine Garantie für dauerhaften, ethischen Konsum (Verbraucher entscheidet nach finanziellen Mitteln oder aus anderen Gründen)
- finanzielle Ressourcen müssen für einen ethischen Konsum höher sein, d.h. ist für einen kleinen Bevölkerungsanteil einkommensabhängig überhaupt möglich

Den Zusammenhang zwischen Preis, Moral und ethischem Konsum untersuchten die Autoren Liebe, Andorfer & Beyer (2016, S. 201-202) in einem Feldexperiment und belegten, dass insbesondere die Konsument:innen, die bisher in geringem Maße ethische Kaufentscheidungen trafen, mittels monetärer Anreize dazu animiert werden können.

Eine Befragung aus 2018, die auf Daten vom Centrum für Evaluation (CEval) beruht und im Statista Dossier zum ethischen Konsum Erwähnung findet, fand heraus, dass der Kauf von Fair Trade Produkten mit zunehmenden Haushaltseinkommen stieg. Während

58 % der Konsument:innen, die unter 1.000 EUR monatliches Haushaltsnettoeinkommen zur Verfügung hatten, angaben, Fair Trade Produkte zu kaufen, waren es bei einem Einkommen von 2.500 EUR bereits 76 % (Statista, 2019, S. 29).

Schlussfolgernd lässt sich ableiten, dass trotz aller Grenzen den Konsument:innen eine tragende Rolle für den verantwortungsvollen, ethischen Konsum zukommt, da eine entsprechende Nachfrage die Ausrichtung der Unternehmen beeinflusst.

4.2   Nachhaltiger Konsum

Der Begriff „Nachhaltiger Konsum" geht auf die United Nations [UN] Conference on environment and development, Agenda 21, zurück, die 1992 in Rio de Janeiro stattfand. Hier wurde erstmals das Konzept der nachhaltigen Konsumgewohnheiten (sustainable consumption patterns) in die weltweite Diskussion eingeführt (UN, 1992, Chapter 4). Hansen & Schrader (2001) definieren in Anlehnung an den Brundtland-Report, „dass Konsum dann nachhaltig ist, wenn er zur Bedürfnisbefriedigung der heute lebenden Menschen beiträgt, ohne die Bedürfnisbefriedigungsmöglichkeiten zukünftiger Generationen zu gefährden" (S. 21-22). Diese Definition untermauert das von Rogall (2012, S. 124) geforderte Konzept der starken Nachhaltigkeit, welches nicht nur die Interdependenzen der drei Säulen der Nachhaltigkeit - Ökonomie, Ökologie und Soziales - sondern auch die absoluten Grenzen der Natur berücksichtigt.

Eine klare Abgrenzung der Begrifflichkeiten ethischer und nachhaltiger Konsum ist aufgrund der sich überschneidenden Handlungsfelder nicht möglich und eine synonyme Verwendung in der Literatur und Praxis anerkannt, wie die für diese Arbeit verwendete Literatur belegt.
Nach Buchholz (1998, S. 880-882) liegt die Begründung für die Dringlichkeit einer Umweltethik darin, dass als Resultat der protestantischen Ethik eine produktive Basis zu schaffen, ab den 1950er Jahren eine stark konsumorientierte Ethik diese ablöste und zu uneingeschränktem Konsum führte. Der Autor forderte bereits vor 25 Jahren Investitionen in Umwelttechniken sowie eine Neudefinition von Wachstum.

Nachhaltigerer Konsum geht mit einem tiefgreifenden gesellschaftlichen Wandel einher, der nicht adhoc herbeizuführen ist. Fast 25 Jahre nach der Veröffentlichung Buchholz', ist die Dringlichkeit sichtbarer denn je, das Wort „Klimakrise" in aller Munde.

Im Folgenden sollen die Einflussgrößen und Strategien dargestellt werden, die einen nachhaltigen Konsum fördern.

Die drei bereits erwähnten Handlungsfelder der Nachhaltigkeit Ökonomie, Ökologie und Soziales lassen sich im Kontext des nachhaltigen Konsums gleichbedeutend anwenden. Ökonomisch nachhaltiger Konsum bedeutet, individuelle Bedürfnisse im Rahmen der finanziellen Ressourcen befriedigen zu können. Eine ressourcenschonende Produktion, Nutzung und Entsorgung bei Dienstleistungen und Produkten steht beim ökologisch nachhaltigen Konsum im Vordergrund, während die soziale Dimension die verantwortungsvolle Herstellung und Vermarktung dieser thematisiert (Ulber, 2020, S. 5-8).

Die Konsumphasen Kauf, Nutzung und Entsorgung bieten verschiedenes Potenzial den Konsum nachhaltiger zu gestalten. Beim Kauf haben Konsument:innen die Wahl zwischen Produkten, die ressourcenschonend und fair hergestellt sind, oder solchen, denen ein einen hohen CO_2-Ausstoß verursachenden Produktionsprozess zugrunde liegen und die unter menschenunwürdigen Bedingungen entstehen. Die Phase der Nutzung ist je nach Produkt differenziert zu betrachten. Wird die Lebensdauer eines Gebrauchsgutes durch Weiterverkauf oder Weitergabe verlängert, ist dies als positiv für die ökologische Nachhaltigkeit einzustufen. Wird das Produkt an sich mit veralteten Technologien oder beispielsweise umweltschädigenden Kraftstoffen betrieben, wirkt sich eine langfristige Nutzung dagegen ökologisch nachteilig aus. Bei der Entsorgung wird neben dem Recycling das Thema Kreislaufwirtschaft, auch als Cradle-to-Cradle bekannt, immer wichtiger (Schönheit, 2016, S. 9-11; Ulber, 2020, S. 9-10).

Der ökologische Fußabdruck gilt als aussagekräftiger Indikator, um die Handlungsfelder des nachhaltigen Konsums herauszufiltern. Berechnungen des Umweltbundesamtes [UBA] zufolge sind den Bereichen Wohnen, Ernährung, Mobilität und Konsumausgaben für Kleidung, Elektronik und weitere Gebrauchsgüter etwa 90 % des CO_2-Ausstoßes zuzurechnen (Bundesministerium für Umwelt, Naturschutz, nukleare Sicherheit und Verbraucherschutz [BMUV], 2022). Eine ausführliche Studie veröffentlichte das Umweltbundesamt mit der Publikation „Daten zur Umwelt. Ausgabe 2015. Umwelt, Haushalte und Konsum" (UBA, 2015).

Das Regionale Netzwerk Nachhaltigkeitsstrategien (o.J.) liefert mit der Webseite www.nachhaltiger-warenkorb.de einen umfassenden Ratgeber für umweltbewussten und sozialen Konsum für nahezu alle Themenbereiche des täglichen Lebens. Ergänzt werden die praktischen Tipps mit Siegeln, um den Verbraucher:innen die Kaufentscheidungen zu erleichtern und aufzuklären. Von Ernährung über Kleidung, Spielzeug,

Wohnen, Energie, Reisen, Onlineshopping oder Finanzen erfahren interessierte Konsument:innen alles Wissenswerte.

In der nachfolgenden Übersicht finden sich für jede Konsumphase Beispiele, wie sich in den Lebensbereichen, die als die größten CO_2-Verursacher gelten, nachhaltiger Konsum gestalten lässt:

	Kauf	Nutzung	Entsorgung
Wohnen	Caparol Indeko-Plus Innenfarbe	Prinzessinnengarten	Rewindo
Ernährung	Share	Too Good to go Querfeld	Floris Catering (Kompost aus Speiseabfällen)
Mobilität	Cargo Factory Lastenfahrräder	Call a bike	Primobius
Kleidung/ Elektronik	Vinted Refurbed	Kleiderei Nebenan.de	C&A Cradle to Cradle Certified Apparel Philips Econova TV

Tabelle 7:   Beispiele von Produkten und Dienstleistungen in den verschiedenen Konsumphasen

(Quelle: Eigene Darstellung)

Kurzbeschreibung der gewählten Beispiele:

C&A C2C
Certified: Einzelhändler, der 2017 als weltweit Erster das Cradle-to-Cradle (C2C) certified Gold Level T-Shirt verkaufte, mittlerweile sind es auch Jeans, Schuhe etc. (C&A)

Call a bike: Mieträder der Deutschen Bahn in über 80 Städten (Deutsche Bahn, 2022)

Cargo
Factory: Lastenfahrräder mit und ohne elektrischen Antrieb aus Darmstadt (Cargo Factory (2022)

Floris
Catering: Deutschlands erstes Catering-Unternehmen, das seine Speisen- und Küchenabfälle in einer eigenen Kompostieranlage zu Blumendünger verarbeitet (Floris Catering, o.J.)

Kleiderei: Läden in Köln, Freiburg und Berlin, für 29 EUR pro Monat kann Kleidung ausgeliehen werden (Kleiderei, 2020)

Nebenan:	Online-Plattform für Nachbarschaftshilfe (Leihen, Tauschen, Verschenken, Verkaufen, Veranstaltungen) (Nebenan, o.J.)
Querfeld:	Rettung von krummen Bio-Obst und -Gemüse, Verteilung über nachbarschaftliche organisierte Abholstationen (Querfeld, 2022)
Philips Econova TV:	Umweltfreundlichster TV 2010 in Europa mit über 60 % recyceltem Aluminium, als erster TV nach dem Cradle-to-Cradle-Ansatz entwickelt (Philips, 2010)
Primobius:	Recycling von Material aus Alt-Lithium-Ionen-Batterien, Rückgewinnung der Produktbestandteile und Wiederverwendung in der Batterielieferkette (Elektromobilität) (Primobius, 2022)
Prinzess- innengarten:	Gemeinschaftsgarten in Berlin, Workshops, Führungen, Umweltbildung (Prinzessinnengarten, 2022)
Refurbed:	Aufbereitung von Elektronikgeräten, wie Handys, Tablets, Laptops (Refurbed, o.J.)
Rewindo:	Recycling von Kunststofffenstern, -rollläden und -türen, Wiederaufbereitung in Form von PVC-Granulat, welches für die Herstellung neuer Fenster verwendet wird (Rewindo, o.J.)
Share:	jedes Share Produkt unterstützt direkt ein soziales Projekt (Trinkwasser, Ernährung, Hygiene, Bildung) (Share, o.J.)
Too Good To Go:	App gegen Lebensmittelverschwendung, unverkaufte Lebensmittel werden zu einem vergünstigten Preis bei Läden, Bäckereien, Restaurants, Hotels, Cafés etc. angeboten (Too Good To Go, o.J.)
Vinted:	Online-Verkaufsportal für gebrauchte Kleidung (Kinder und Erwachsene), Spielzeug und Wohnaccessoires (Vinted, o.J.)

4.2.1 Strategiepfade zur Steigerung des nachhaltigen Konsums

Für Konsument:innen eröffnen sich verschiedene Möglichkeiten, die schädlichen Emissionen zu reduzieren und mittels verantwortungsvollem Konsum einen wichtigen Beitrag für eine lebenswerte Zukunft zu leisten. Nachhaltigerer Konsum kann mithilfe der Effizienz-, Substitutions- oder Suffizienzstrategie erreicht werden.

Effizienzstrategie

Die ressourcenschonende Nutzung von Produkten soll durch den kontinuierlich steigenden Technologiefortschritt erreicht werden, der dazu führt, dass elektrische Geräte immer energieeffizienter werden. Darin liegt jedoch auch die Problematik dieser Strategie, die auch als Rebound-Effekt bezeichnet wird. Die erzielte Effizienz wird ausgesetzt, wenn beispielsweise ein PKW aufgrund eines geringeren Kraftstoffverbrauchs viel häufiger genutzt wird, also der Konsum zunimmt und infolgedessen sogar mehr verbraucht wird als ohne diese Innovation (von Hauff, 2014, S. 62).

Substitutionsstrategie

Die Substitutionsstrategie zielt darauf ab, konventionell hergestellte Produkte durch fair gehandelte und nachhaltige Alternativen zu ersetzen. Eine Generationsgerechtigkeit kann erreicht werden, indem der Verbrauch von nicht erneuerbaren Rohstoffen und Energie reduziert wird, die Beschaffenheit des Materials wiederverwendet und verwertbar ist und somit wenig Abfälle entstehen. Die Kreislaufwirtschaft bzw. der Cradle-to-Cradle-Ansatz fördern die Substitutionsstrategie (von Hauff, 2014, S, 62-63).

Suffizienzstrategie

Drei wesentliche Komponenten charakterisieren den Suffizienzansatz:
- freiwillige Selbstbeschränkung für eine intergenerative Gerechtigkeit
- daraus folgend eine Lebensstilveränderung, die auf gemeinschaftlicher Nutzung und nachhaltigem Konsum beruht
- weniger materielle Produkte, mehr Fokus auf immaterielle, um einen Strukturwandel herbeizuführen (von Hauff, 2014, S. 64; Rogall, 2012, S. 187)

Effizienzstrategie	Substitutionsstrategie	Suffizienzstrategie
Umstellung aller Leuchtmittel von Glühlampen auf LEDs	Shampoo und Duschgel durch feste Seifen (Naturkosmetik) ersetzen	Outdoor-Ausstattung leihen statt kaufen
Bei Neukauf von Elektrogeräten auf Energy Rating achten	Umstellung von konventionellem Strom auf Ökostrom	Rasenmäher mit fünf Nachbar:innen teilen
Vegane anstelle fleischlastig orientierter Ernährung	Mineralwasser aus Plastikflaschen durch Leitungswasser ersetzen	Einkauf von Biogemüse auf dem lokalen Wochenmarkt anstelle Bestellung von Nahrungsmitteln über Lieferdienste wie Amazon Prime
2 Minuten duschen anstatt Vollbäder	Innerdeutsch mit der Bahn reisen anstatt zu fliegen	Keine Langstreckenflüge bei unter 4 Wochen Reisezeit

Tabelle 8:   Beispiele für die verschiedenen Strategiepfade

(Quelle: Eigene Darstellung)

Letztlich zielen Effizienz- und Substitutionsstrategie darauf ab, eine Verhaltensänderung herbeizuführen, die in der Suffizienzstrategie, einer generellen Reduzierung des Konsums, mündet. Ulber (2020, S. 88) merkt kritisch an, dass dies dem weltweit vorherrschenden Wachstumsparadigma widerspricht und dieser Strategiepfad lediglich von Akteur:innen der Mikro- und Makroebene vorangebracht werden kann, da von unternehmerischer Seite nicht erwartbar ist, dass sie zu weniger Konsum animiert.

5 Zusammenfassung und Ausblick

Die Einsendeaufgaben haben die Komplexität und Interdependenzen von ethischen Entscheidungen aus der Mikro-, Meso- und Makroebene herausgestellt. Die Politik, Unternehmen sowie die Verbraucher:innen tragen als Wirtschaftsakteur:innen gleichermaßen die Verantwortung, den Wandel hin zu einer nachhaltigen Konsumgesellschaft, zu gestalten. Das Unternehmensbeispiel Quartiermeister zeigte auf, wie Wirtschaftsakteur:innen der Mesoebene ethischen Konsum fördern können und verantwortungsvolles, unternehmerisches Handeln durch das Zusammenspiel einer GmbH, Stiftung sowie eines Vereins im Sinne des Gemeinwohls konzipiert werden kann.

Eine steigende Anzahl an Start-ups und Neugründungen versuchen heute innovative Lösungen zu entwickeln, um mit langlebigen, ökologischen und fairen Produkten ihren Teil zu einer lebenswerten Zukunft für nachfolgende Generationen beizutragen, wie im Kapitel 4.2 mit zahlreichen Beispielen belegt werden konnte.

Eine starke Position nehmen die Konsument:innen ein, die mit ihren Konsumentscheidungen maßgeblichen Einfluss auf das Marktgeschehen nehmen können. Hierbei gilt es, durch entsprechende Informations- und Bildungspolitik fördernd einzuwirken und Transparenz herzustellen. Es muss Aufgabe der Politik sein, hier die entsprechenden Rahmenbedingungen zu schaffen und eine Vorbildfunktion einzunehmen.

Literaturverzeichnis

About drinks (2022). *Mission zum Wohle aller: Quartiermeister gründet eigene Stiftung.* Zugriff am 26.04.2022. Verfügbar unter https://www.about-drinks.com/mission-zum-wohle-aller-quartiermeister-gruendet-eigene-stiftung/?fbclid=I-wAR2K9QwxY7zOsO3lVv1Pu3Ge6U7dy3LVcbalDe0UDLofjD013gndojXC-QI

Bamberg, E., Schmitt, C.T., Baur, C., Gude, M. & Tanner, G. (2018). Theoretische Konzepte zu Nachhaltigkeit – unter besonderer Berücksichtigung von Handlungs- und Moraltheorien. In: C. Schmitt & E. Bamberg (Hrsg.), *Psychologie und Nachhaltigkeit.* (S. 17-35). Wiesbaden: Springer. doi: 10.1007/978-3-658-19965-4_2

Buchholz, R. A. (1998). The Ethics of Consumption Activities: A Future Paradigm?. *Journal of Business Ethics, 17,* S. 871–882. doi: 10.1023/A:1005753003896

Bundesministerium für Umwelt, Naturschutz, nukleare Sicherheit und Verbraucherschutz (2022). *Themen. Nachhaltiger Konsum.* Zugriff am 05.05.2022. Verfügbar unter https://www.bmuv.de/themen/nachhaltigkeit-digitalisierung/konsum-und-produkte/nachhaltiger-konsum

C&A (o.J.) *Cradle to Cradle Certified® Biologisch. Verantwortungsvoll. Umweltbewusst.* Zugriff am 08.05.2022. Verfügbar unter https://www.c-and-a.com/de/de/corporate/company/nachhaltigkeit/c2c/?msclkid=8629cf6fd16b11ec8a7f4a0b32d8419e

Caparol (2022). *Indeko-Plus. Konservierungsmittelfreie und ressourcenschonende Innenfarbe.* Zugriff am 06.05.2022. Verfügbar unter https://www.caparol.de/produkte/farben/innenfarben/nassabriebklasse-1-stumpfmatt-scheuerbestaendig/indeko-plus

Cargo Factory GmbH (2022). *One Lastenrad – einfach leichte Lastenfahrräder.* Zugriff am 02.05.2022. Verfügbar unter https://cargofactory.de/

Conrad, C. A. (2020). *Wirtschaftsethik. Eine Voraussetzung für Produktivität.* 2. Auflage. Wiesbaden: Springer Gabler. doi: 10.1007/978-3-658-29672-8

Crane, A. & Matten, D. (2010). *Business ethics. Managing corporate citizenship and sustainability on the age of globalization.* 3. Aufl. Oxford u.a.: Oxford University Press.

Deutsche Bahn Vertrieb GmbH (o.J.) *Call a bike*. Zugriff am 02.05.2022. Verfügbar unter https://www.bahn.de/angebot/weiterreise/call-a-bike

Dietzfelbinger, D. (2015*). Praxisleitfaden Unternehmensethik. Kennzahlen, Instrumente, Handlungsempfehlungen.* 2. Auflage. Wiesbaden: Springer Gabler. doi: 10.1007/978-3-8349-4711-6

Enderle, G. (1988). *Wirtschaftsethik im Werden. Ansätze und Problembereich der Wirtschaftsethik.* Stuttgart: Akademie der Diözese Rottenburg-Stuttgart.

Fabrik für immer (2022). *Podcast-Folge 125. Mit Bier das Gemeinwohl fördern, so geht's.* Zugriff am: 26.04.2022. Verfügbar unter https://open.spotify.com/show/74pNv6jjaGAmg1MDnLLaa9?si=5aglxINqQp-_vc4BWTzOEg&nd=1

Floris Catering (o.J.). *Floris Green Catering. Composting.* Zugriff am 06.05.2022. Verfügbar unter: https://www.floris-catering.de/composting

Gabriel, K. (2019). Moral und Wirtschaft: Überlegungen zur Lösung eines Konflikts. In: C. Arnold, S. Keppler, H. Knödler & M. Reckenfelderbäumer (Hrsg.), *Herausforderungen für das Nachhaltigkeitsmanagement* (S. 51-72). Wiesbaden: Springer. doi: 10.1007/978-3-658-27729-1_4

Göbel, E. (2020). *Unternehmensethik. Grundlagen und praktische Umsetzung.* 6. Auflage. München: UKV Verlag.

Hansen, U., & Schrader, U. (2001). Nachhaltiger Konsum - Leerformel oder Leitprinzip? In U. Schrader & U. Hansen (Hrsg.), *Nachhaltiger Konsum. Forschung und Praxis im Dialog.* (S. 17–45). Frankfurt am Main: Campus Verlag.

Hofstede, G. J. (o.J.). *The 6-D model of national culture.* Zugriff am 06.04.2022. Verfügbar unter https://geerthofstede.com/culture-geert-hofstede-gert-jan-hofstede/6d-model-of-national-culture/

Hofstede, G., Hofstede, G. J. & Minkov, M. (2010). *Cultures and Organizations – Software of the Mind: Intercultural Cooperation and Its Importance for Survival.* New York: McGraw-Hill Education

Hofstede, G. & Hofstede, G. J. (2012). *Lokales Denken, globales Handeln: interkulturelle Zusammenarbeit und globales Management.* 5. Auflage. München: Deutscher Taschenbuch Verlag.

Homann, K. & Blome- Drees, F. (1992). *Wirtschafts- und Unternehmensethik.* Göttingen: UTB.

Holzmann, R. (2018). *Wirtschaftsethik.* 2. Aufl., Wiesbaden: Springer Gabler. doi: 10.1007/978-3-658-23460-7

IfD Allensbach (2021). *Nachhaltigkeit: Themenzyklus oder tiefgreifender Wandel von Lebensweisen und Konsumentscheidungen?* Zugriff am 27.12.2021. Verfügbar unter https://www.ifd-allensbach.de/fileadmin/AWA/AWA_Praesentationen/2021/03_AWA_2021_deSombre_Nachhaltigkeit_HANDOUT.pdf

Jäggi, C. J. (2018). *Wirtschaftsordnung und Ethik. Problemfelder – Modelle – Lösungsansätze.* Wiesbaden: Springer Gabler. doi: 10.1007/978-3-658-23034-0

Jones, M. T. (1991). Ethical Decision Making by Individuals in Organizations: An Issue-Contingent Model. *The Academy of Management Review, Vol. 16, No. 2,* S. 366-395.

Kiefl, S., Scharpe, K., Wunsch, M. & Hoffmann, P. (2022). *4. Deutscher Social Entrepeneurship Monitor 2021/2022.* Zugriff am 10.05.2022. Verfügar unter https://www.send-ev.de/wp-content/uploads/2022/04/4_DSEM_web.pdf

Kleiderei (2020). *Stil hast du, Kleider leihst du. Dein unendlicher Kleiderschrank.* Zugriff am 30.04.2022. Verfügbar unter https://kleiderei.com/

Liebe, U., Andorfer, V. A. & Beyer, H. (2016). Preis, Moral und ethischer Konsum: Ein Feldexperiment mit Nachbefragung zum Kauf von ökologischen Produkten. *Berliner Journal für Soziologie,* 26, S. 201–225. doi: 10.1007/s11609-016-0313-3

Ludin, D. & Wellbrock, W. (2021). Verbraucherökonomische Grundlagen eines nachhaltigen Konsums. In: W. Wellbrock & D. Ludin (Hrsg.), *Nachhaltiger Konsum* (S. 3-15). Wiesbaden: Springer Gabler. doi: 10.1007/978-3-658-33353-9_1

McSweeney, B. (2002). Hofstede's model of national cultural differences and their consequences: A triumph of faith – a failure of analysis. *Human Relations*, *55*(1), S. 89–117

Meyer-Galow, E. (2020). *Business Ethik 3.0. Die neue integrale Ethik aus der Sicht eines CEOs*. Wiesbaden: Springer Gabler. doi: 10.1007/978-3-658-30786-8

Nebenan.de – ein Service der Good Hood GmbH (o.J.). *Nachbarschaftshilfe finden und anbieten*. Zugriff am 30.04.2022. Verfügbar unter https://nebenan.de/

Onlineurteile (2006). *Schutz des Regenwalds durch Biertrinken? BGH hebt Verbot der Werbung einer Brauerei auf*. Zugriff am 25.04.2022. Verfügbar unter https://www.onlineurteile.de/urteil/schutz-des-regenwalds-durch-biertrinken

Philips (2010). *Der Econova von Philips ist der umweltfreundlichste Fernseher Europas*. Zugriff am 06.05.2022. Verfügbar unter https://www.philips.de/a-w/about/news/archive/standard/news/ifa2010/20100902_Der_Econova_von_Philips_ist_der_umweltfreundlichste_Fernseher_Europas.html

Primobius GmbH (2022). *Battery Recycling without limits*. Zugriff am 30.04.2022. Verfügbar unter https://www.primobius.com/

Prinzessinnengarten Kollektiv Berlin (2022). *Willkommen beim Prinzessinnengarten Kollektiv Berlin!*. Zugriff am 06.05.2022. Verfügbar unter: https://prinzessinnengarten-kollektiv.net/

Quartiermeister (o.J.a). *Quartiermeister. Zum Wohle aller*. Zugriff am 25.04.2022. Verfügbar unter www.quartiermeister.org/de

Quartiermeister (o.J.b). *Quartiermeister. Über uns*. Zugriff am 25.04.2022. Verfügbar unter https://quartiermeister.org/de/quartiermeister/

Quartiermeister (o.J.c). *Quartiermeister. Stiftung*. Zugriff am 25.04.2022. Verfügbar unter https://quartiermeister.org/de/stiftung/

Quartiermeisterin (o.J.). *Quartiermeisterin. Gleiches Bier für alle!* Zugriff am 26.04.2022. Verfügbar unter https://quartiermeisterin.org/

Querfeld (o.J.). Deine Gemüsekiste zum Lebensmittel retten. Zugriff am 02.05.2022. Verfügbar unter https://querfeld.bio/

Refurbed GmbH (o.J.) *Wie neu, nur besser.* Zugriff am 30.04.2022. Verfügbar unter https://www.refurbed.de/

Regionale Netzstellen Nachhaltigkeitsstrategien Süd (o.J.) *Nachhaltiger Warenkorb.* Zugriff am 05.05.2022. Verfügbar unter https://www.nachhaltiger-warenkorb.de/

Rewindo GmbH (o.J.) *Fenster-Recycling Service. Aus alten Kunststofffenstern neues Profil gewinnen.* Zugriff am 30.04.2022. Verfügbar unter https://rewindo.de/

Rogall, H. (2012). *Nachhaltige Ökonomie. Ökonomische Theorie und Praxis einer Nachhaltigen Entwicklung.* 2., überarbeitete und erweiterte Auflage. Grundlagen der Wirtschaftswissenschaft: Band 15. Marburg: Metropolis-Verlag

Schönheit, I. (2016). *Indikatoren für den Nachhaltigen Konsum. Kurzstudie für den Rat für Nachhaltige Entwicklung.* Zugriff am 05.05.2022. Verfügbar unter https://www.imug.de/fileadmin/user_upload/Downloads/imug_institut/NaKo_1_imug_Indikatoren_NachhaltigerKonsum_2016.pdf

Share (o.J.). *Wir sind share. Und bei uns ist jedes Produkt eine soziale Spende.* Zugriff am 02.05.2022. Verfügbar unter https://share.eu/

Statista (2019). *Ethischer Konsum in Deutschland. Statista Dossierplus zum ökologischen und sozialen Konsumverhalten.* Zugriff am 02.05.2022. Verfügbar unter https://de.statista.com/statistik/studie/id/67330/dokument/ethischer-konsum-in-deutschland/

Tagesspiegel (2014). *Was wir trinken. Quartiermeister – das soziale Kiezbier.* Zugriff am 26.04.2022. Verfügbar unter https://www.tagesspiegel.de/berlin/was-wir-trinken-quartiermeister-das-soziale-kiezbier/10769496.html

Too Good To Go GmbH (o.J.). *Rette Lebensmittel, schone die Umwelt.* Zugriff am 30.04.2022. Verfügbar unter https://toogoodtogo.de/de

Towers, I. & Peppler, A. (2017). Geert Hofstede und die Dimensionen einer Kultur. In: A. Ternès & I. Towers (Hrsg.), *Interkulturelle Kommunikation* (S. 15-20). Wiesbaden: Springer Gabler. doi: 10.1007/978-3-658-10237-1_2

Ulber, M. (2020). *Die Beziehung zwischen Mitarbeitern und Konsumenten. Eine systematische Literaturanalyse vor dem Hintergrund nachhaltigen Konsums.* Best Masters-Reihe. Wiesbaden: Springer Gabler. doi: 10.1007/9783 658295943

Ulrich, P. (2000). Integrative Wirtschaftsethik: Grundlagenreflexion der ökonomischen Vernunft. In: *Ethik und Sozialwissenschaften, Jg. 11, Heft 4,* S. 555-567

Umweltbundesamt (2015). *Daten zur Umwelt. Ausgabe 2015. Umwelt, Haushalte und Konsum.* Zugriff am 07.05.2022. Verfügbar unter https://www.umweltbundes-amt.de/sites/default/files/medien/378/publikationen/daten_zur_umwelt_umwelt_haus-halte_und_konsum_2.pdf

United Nations (1992). *Conference on Environment & Development Rio de Janerio, Brazil, 3 to 14 June 1992. AGENDA 21.* Zugriff am 03.05.2022. Verfügbar unter https://sustainabledevelopment.un.org/content/documents/Agenda21.pdf

Vinted (o.J.). *Bereit, deinen Kleiderschrank auszusortieren?* Zugriff am 30.04.2022. Verfügbar unter https://www.vinted.de/

von Hauff, M. (2014). *Nachhaltige Entwicklung. Grundlagen und Umsetzung.,* 2. Aufl. München: Oldenbourg

Welt (2002). *Die Welt. Biertrinken für den Regenwald?* Veröffentlicht am 27.06.2002 von dpa. Zugriff am 26.04.2022. Verfügbar unter https://www.welt.de/print-welt/ar-ticle396733/Biertrinken-fuer-den-Regenwald.html